AF227214

O o
893.

PANÉGYRIQUE

DE

SAINT IGNACE DE LOYOLA

PRÊCHÉ AU JOUR DE SA FÊTE

31 Juillet 1879

DANS L'ÉGLISE DU GÉSU, A GRENOBLE

PAR

L'abbé BERLIOUX, Chanoine honoraire

Curé de Saint-Bruno.

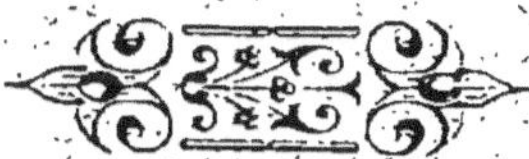

GRENOBLE

IMPRIMERIE ET LITHOGRAPHIE VEUVE RIGAUDIN

8, rue Servan, 8

—

1879

PANÉGYRIQUE

DE

SAINT IGNACE DE LOYOLA

Mirabilis Deus in sanctis suis.
Dieu est admirable dans ses Saints.

(Ps. 67, 37.)

Lorsqu'on étudie attentivement la vie d'un grand Saint, surtout celle d'un Saint-fondateur, on remarque deux choses distinctes et frappantes : l'action de la grâce de Dieu et le concours de la volonté humaine.

Dieu prépare de longue main celui qu'il destine à de grandes choses. Il va quelquefois le chercher parmi les petits et les faibles, parmi les coupables et les pécheurs, afin de confondre les puissants et les orgueilleux du siècle. Il purifie et façonne son esprit et son cœur, dompte et retrempe son caractère, fortifie sa volonté et lui donne ce branle vigoureux qui décide de son avenir. Grâces de vocation et de conversion, grâces d'état et de choix, tous les dons divins lui sont admirablement prodigués, *mirabilis Deus in sanctis suis.*

Admirable aussi est le rôle de celui qui est l'objet de tant de faveurs spirituelles. Répondre avec générosité à l'appel de la divine Providence, prêter à l'action de la

grâce le concours de sa volonté, faire fructifier tous les talents qui lui sont confiés, marcher à pas de géant dans la voie de la perfection, opérer tout le bien et éviter tout le mal possible, procurer en tout, toujours et partout, la gloire de Dieu et le salut du prochain, tel est le mobile de toutes ses aspirations, tel est l'objet de tous ses efforts. Une main appuyée sur son cœur, le regard fixé vers le Ciel, il s'écrie : *Le Seigneur a fait en moi de grandes choses. Je puis donc tout en celui qui me fortifie.*

Ainsi, de même que Dieu est admirable dans ses saints, pour Dieu les saints sont aussi admirables.

C'est cette double action, divine et humaine, que nous allons considérer ensemble dans la vie du héros que l'Eglise propose aujourd'hui à notre admiration et à notre imitation.

Nous verrons donc : 1° ce que Dieu a fait pour Ignace ; 2° ce que saint Ignace a fait pour Dieu.

Il m'est particulièrement doux, Mes Frères, de faire le panégyrique de cet illustre fondateur, en ces jours douloureux, où son nom et ses disciples sont l'objet de tant de haine et de tant de calomnies. Ce qui me manquera pour remplir ma difficile mission, ce ne sera point l'amour de mon sujet. Plus il est bafoué par les passions révolutionnaires, plus il s'impose à mes respects. Que ne puis-je faire de mon éloge un cri capable d'étouffer la voix des insulteurs ! Daigne la Mère de Dieu m'être propice pendant que je louerai un des saints en qui elle reconnaît le mieux l'image de son Fils, puisqu'il s'appela avec raison Ignace de Jésus. *Ave Maria.*

PREMIÈRE PARTIE.

Né au château de Loyola, en Espagne, en 1491, Ignace grandit en qualité de page à la cour de Ferdinand, roi de Castille. Que fut-il jusqu'à trente ans ? Je le dirai franchement, il fut un véritable type de mondanité et d'ambition (1), et il possédait au suprême degré tout ce qui peut satisfaire ces deux passions. Au monde il offrait un beau nom, illustré par une lignée d'ancêtres, une fortune considérable, légitimement acquise ; une fonction honorable à la cour ; un cœur généreux et sympathique : à l'ambition, un courage magnanime, un caractère chevaleresque, une âme de feu. Ceux qui le connaissaient bien alors pouvaient dire de lui : Ce fier Castillan ne sera jamais une médiocrité ; il fera ou beaucoup de mal ou beaucoup de bien ; il sera ou un grand criminel ou un grand saint. Dieu en fit un grand saint et voici comment.

Une armée française avait franchi les Pyrénées, s'était emparée de plusieurs villes de la Navarre et marchait à grandes journées vers Pampelune. Le roi confère à Ignace le grade de capitaine et le charge de la défense de cette place. Belle occasion pour notre orgueilleux gentilhomme, d'étaler sa valeur et de ceindre son front de lauriers ; il la saisit avec avidité et déjà il est sur la brèche avec ses braves. Mais Dieu l'attendait là, et lui réservait, au lieu d'un triomphe pour son amour-propre, une défaite mille fois plus avantageuse au salut de son âme.

---

(1) Il s'agit principalement de l'ambition militaire, chevaleresque, naturelle au caractère espagnol.

Déjà le combat est engagé et la mitraille ennemie tombe comme une pluie sur Pampelune. Notre bouillant capitaine déploie tout le courage d'un héros, toute la rage d'un lion, et il allait forcer la victoire à se ranger sous son drapeau, lorsqu'il tombe sur les remparts, la jambe brisée par un éclat de boulet. Heureuse blessure, qui va attendrir l'âme de l'illustre vaincu et le jeter sur le chemin de la véritable gloire ! C'est Paul terrassé sur la route de Damas.

Transporté au château de Loyola et comprenant toute la gravité de sa maladie, il se recommande à Dieu, demande un prêtre, confesse et pleure ses trente années d'égarement. Ses parents et ses amis entourent son lit, éclatent en sanglots. Consolez-vous, leur dit-il, j'ai su combattre, je saurai souffrir ! J'ai vécu en preux chevalier et en bon soldat, je mourrai en bon chrétien. Quels nobles sentiments ! quelle touchante conversion ! Aux yeux de la foi, Ignace est plus grand sur sa couche de douleur, sous la main du prêtre qui le bénit et l'absout, que sur le champ de bataille. Vainqueur, il eût tout sacrifié à la gloire humaine ; vaincu, il sacrifie tout à la gloire de Dieu ; vainqueur, il eût été grand ; vaincu, il est sublime.

Admirable attention de la divine Providence ! quand une âme glisse rapidement sur la pente des passions et va s'ensevelir dans l'abîme, elle jette sur ses épaules une pesante croix qui l'arrête, la force à réfléchir, à pleurer, à bénir la main qui ne frappe que pour guérir. Alors, rentrant en elle-même, cette pauvre âme s'écrie : Seigneur, frappez, coupez, brûlez, broyez en ce monde, pourvu que vous m'épargniez dans l'autre.

Notre Saint remercia Dieu toute sa vie de lui avoir envoyé l'humiliation et la souffrance pour le ramener à lui. Pampelune, disait-il souvent, avait été le Calvaire de sa conversion.

A la vérité, le cœur de Loyola avait été purifié par le creuset des souffrances et par la vertu des sacrements, mais l'amour de la vaine gloire, mais la convoitise des honneurs, mais l'ardeur des combats humains n'étaient pas éteints. Il fallait donc un second coup de la grâce pour détourner ces passions de leur but, et leur donner une fin plus élevée.

Remarquez bien que dans le plan divin la grâce ne détruit pas la nature, elle la modifie et la perfectionne, et l'homme terrestre est le moule où se forme et se prépare l'homme céleste. Ignace est pétri d'ambition, eh bien, Dieu donnera à cette ambition un objet plus noble et plus grandiose, qui la captivera entièrement, comme on change le cours d'un fleuve afin de lui préparer un lit plus régulier et des rives plus riches.

Devenu convalescent, il demande, pour tromper les ennuis de sa solitude, quelques *Romans de Chevalerie*. Dieu permit que dans une maison où ces sortes de livres ne manquaient jamais, on ne put alors en procurer un exemplaire au malade, et on lui donna en place la *Vie des Saints*. Ce fut le trait de lumière providentiel qui déchira les ténèbres d'une âme jusqu'alors aveuglée par les illusions du monde.

Jadis, la lecture des *Epîtres* de saint Paul avait commencé la conversion d'Augustin, aujourd'hui, la lecture de la *Vie des Saints* achève celle d'Ignace.

Il lit d'abord par simple curiosité, mais bientôt il y prend plaisir. Cette belle épopée du Christianisme excite son admiration. Il lit et relit encore avec avidité, et à mesure qu'il dévore ces pages, il voit se dérouler sous ses yeux la grande et innombrable armée des Saints, tous soldats courageux, invincibles, luttant sur tous les champs de bataille, aux prises avec tous les ennemis, souvent terrassés, jamais vaincus, montant au Ciel en triomphateurs, pour y recevoir la couronne de justice.

Atterré, confondu, Ignace laisse tomber le livre de ses mains, pousse un profond soupir, verse des larmes d'attendrissement, et se dit : Plus grands que les Chevaliers, les Saints ont combattu et vaincu les trois grandes concupiscences, qui sont les trois grands ennemis du genre humain, et moi, je ne vise qu'à combattre les hommes qui sont mes égaux, mes frères ; les Saints se sont vaincus eux-mêmes, ce qui est le sublime de l'héroïsme, et moi, je suis le jouet et l'esclave de mes passions ; les Saints ont rêvé et conquis une gloire impérissable, et moi, je ne rêve qu'une gloire éphémère, qui se dissipe en fumée ; les Saints ont mérité par leur vaillance et leurs vertus, une éternité de bonheur, et moi !!...

Ah ! le partage n'est pas égal. Je n'y tiens plus ! Je veux désormais être soldat, chevalier, conquérant à la manière des Saints. Oui, je veux vivre, combattre comme eux, afin de triompher comme eux. Oui, je veux m'élancer dans la carrière des combats spirituels, dont l'âme est le théâtre, et qui a pour prix l'éternité. Adieu donc aux plaisirs de la cour ; adieu aux délices de la maison paternelle, au beau château de Loyola ; adieu à ma vaillante épée. Merci, Seigneur, merci d'avoir placé en mes mains et sous mes yeux le sublime roman de la *Vie des Saints*. Désormais, ô mon Dieu, vous serez mon unique chef, et je serai votre soldat ; je le promets, je le jure !

Il dit : et suspendant son épée à l'autel de la Vierge, et échangeant les livrées du monde contre les haillons et le bâton du pèlerin, il va s'enfoncer dans la grotte de Manréza, devenue depuis si célèbre.

Lorsque Dieu choisit un homme pour en faire l'instrument de ses desseins, il a coutume de le conduire dans la solitude pour lui parler au cœur. C'est là, dans ce commerce surnaturel, dans ce colloque intime de l'âme avec Dieu, que l'esprit s'illumine, que le caractère se retrempe, que l'homme tout entier reçoit cet élan vigoureux qui décide de son avenir.

Ignace resta dix mois à cette école souterraine, où Dieu lui-même s'était fait son maître et son instituteur, et lui avait enseigné des choses ineffables. Semblable au prophète, placé dans le trou d'une pierre, pour contempler les mystères divins, du sein de son obscure caverne, Loyola fut ravi jusqu'au troisième ciel. Il y reçut plusieurs visites miraculeuses de Jésus et de Marie. Il y découvrit l'avenir. De même que David eut par avance une lointaine vision de l'architecture du temple, il aperçut, par intuition surnaturelle, le plan de la Société qu'il devait fonder.

Puis, comme autrefois Moïse descendant radieux du Sinaï, Ignace sortit de Manréza, le front illuminé et tenant en mains le livre fameux, que j'appellerais l'œuvre d'un homme de génie, si ce n'était celle d'un saint : je veux dire les *Exércices spirituels*.

Les Exercices de saint Ignace! c'est le manuel du soldat chrétien, c'est la théorie du guerrier dans l'ordre religieux et moral, c'est le code de la perfection chrétienne. But de la guerre, choix des armes, distinction des étendards, examen des situations, manœuvres de l'ennemi, précautions à prendre, souffrances à endurer, gloire à recueillir, toute la science de la milice chrétienne se trouve condensée dans ce livre divin, qui a converti tant de pécheurs et conduit tant de justes au sommet de la sainteté. Car, si l'Imitation essuya beaucoup de larmes, ces pages firent beaucoup plus de conversions et de Saints.

J'ai dit *livre divin*. En effet, pour celui-ci les autres livres n'ont rien fourni, c'est l'Esprit de Dieu qui l'a dicté. Il est si parfait, que si la notion du christianisme venait à s'oblitérer, il la raviverait ; si les cloitres devenaient déserts, il les repeuplerait ; si la Compagnie de Jésus s'éteignait aujourd'hui, il la ressusciterait demain. Après l'avoir lu, un grand Pape s'écriait : Vraiment, le doigt de Dieu est là. En le montrant à un de ses amis, saint Charles Borromée disait : Voilà toute ma bibliothèque. Et saint François de Sales ajoutait : Ce livre a sauvé plus d'âmes qu'il ne contient de lettres.

Coïncidence singulière ou plutôt providentielle ! La même année où un moine apostat, Luther, pousse son cri de révolte à la diète de Worms, Ignace tombe sur la brèche de Pampelune, et se convertit à Loyola. La même année où Luther vomit ses ignobles *Propos de table*, Ignace donne au monde ses fameux *Exercices spirituels*. La même année où Henri VIII fonde l'Anglicanisme, Ignace cimente les premières pierres de son édifice à Montmartre.

Ainsi, Dieu fait apparaître Ignace à son temps, à son heure. Vous venez de voir comme il l'a prédestiné, façonné pour de grandes choses.

Il l'a arraché aux honneurs et aux délices de la cour de Ferdinand, où son cœur se passionnait pour la créature plus que pour le Créateur. Au lieu de le couvrir de roses et de lauriers, convoités par son ambition, il l'a couché sur le lit de la Croix et a arraché à sa conscience ce cri de repentir : Pardon, mon Dieu, pardon !

Pour gagner son cœur chevaleresque et surnaturaliser son ambition, il a fait défiler sous son regard ses phalanges de Saints, couverts de nobles cicatrices, chargés de glorieux trophées, et il lui a dit : Ignace, ne seras-tu pas aussi mon soldat ? Ce qu'ont fait ces petits enfants, ces timides vierges, ces pauvres vieillards, ne pourras-tu pas le faire, ô Ignace ?

Enfin, pour éclairer son intelligence jusque là si inculte, il l'a conduit dans la solitude, il est devenu son précepteur, il en a fait un contemplatif, un voyant, un écrivain sacré, un illustre fondateur.

O mon Dieu, que vous êtes grand, prodigue, admirable dans vos Saints ; admirable surtout dans saint Ignace de Loyola ! En retour, que ne fera-t-il pas pour vous ?

DEUXIÈME PARTIE.

Par l'énergie de son caractère, par l'ampleur de ses vues, par l'immensité de ses ambitions, Ignace était de la race des conquérants. Soldat de naissance, il devait donc glorifier Dieu en volant à la conquête des âmes, à l'extension du règne de Jésus-Christ. Du seuil de la grotte de Manrèza, il mesure des yeux la terre entière et conçoit le dessein de refaire la carte du monde catholique : *Stetit est mensus est terram !*

La terre ! les potentats de cette époque désirent en connaître les limites pour la subjuguer, les navigateurs pour la décrire, lui ne la convoite que pour la donner à Jésus-Christ. Il dit à Christophe Colomb, à Vasco de Gama, à Fernand Cortez, à Albuquerque, ses illustres contemporains : Elançons-nous à la conquête de mondes nouveaux ; vous prendrez la terre et vous me laisserez les âmes : *Mihi animas, cœtera vobis.*

Mais, pour réussir dans son gigantesque projet, il lui faut une milice nouvelle, active et courageuse, qui, par l'apostolat de la prédication et de l'exemple, puisse réveiller la foi au cœur des peuples, prévenir la corruption des mœurs, réparer les brèches faites par l'hérésie et reculer les bornes du royaume du Christ. Où donc trouvera-t-il le noyau fondateur de cette intrépide phalange? En France, terre privilégiée du dévouement et de l'héroïsme.

Le 15 août 1534, Loyola et six jeunes gens, élèves distingués de l'Université de Paris, auxquels il a communiqué la flamme de son zèle, se réunissent dans une chapelle souterraine de Montmartre, à l'endroit même où furent martyrisés saint Denis et ses compagnons, et où s'élève aujourd'hui la basilique dédiée au Sacré-Cœur. Ils jurent d'observer les trois grands vœux religieux et de se mettre entièrement à la disposition du Chef de l'Eglise, pour voler partout où il y aura des âmes à sauver. La célèbre *Compagnie de Jésus* était fondée !

Elle avait pour chef, Notre-Seigneur, dont elle porte le nom ; pour bannière, la Croix ; pour devise : La plus grande gloire de Dieu : *Ad majorem Dei gloriam.*

A la vérité, ce n'était encore qu'un petit grain de sénevé, mais arrosé par les bénédictions d'en haut, il devint bientôt un arbre géant qui ombragea l'univers de ses rameaux et le nourrit de ses fruits. Seize ans s'étaient à peine écoulés depuis la scène de Montmartre, et déjà la Société de Jésus enlaçait le globe. Elle étendait ses bras de la Pologne à la mer des Indes, du Brésil au Labrador. Saint François-Xavier s'était élancé vers l'extrême Orient, pour y renouveler les prodiges de l'apostolat de saint Paul. Lefèvre et Lejay arrachaient à l'hérésie plusieurs villes d'Allemagne et tenaient en échec Luther et sa réforme, pendant que d'autres pionniers semaient de merveilles les déserts de l'Amérique, et faisaient tressaillir ce Nouveau-Monde au fond de son cercueil retrouvé. L'Eglise, assemblée à Trente, admirait dans Salméron et dans Laynès la science théologique unie à la pratique des plus sublimes vertus.

Ailleurs, et sur toutes les brèches de la catholicité, luttaient, combattaient et mouraient des milliers d'ouvriers évangéliques, apôtres, apologistes, docteurs et martyrs.

Oh! alors, comme j'aime à contempler le grand Ignace, assis à la table de ses conseils, recevant les premières *Annales de la Propagation de la Foi,* commandant à cette immense conquête, surveillant les étapes de l'Evangile, et acquérant ainsi, en quelques années, une domination plus vaste que celle de Philippe II !

Oh ! quelle scène il eût donnée à Rome, si, à l'exemple du cardinal Caraffa, il fût venu déposer aux pieds du Saint-Père les clefs de toutes les villes qu'il avait conquises à Jésus-Christ !

On raconte avec ironie, dit un célèbre auteur, qu'un jardinier de Versailles montrait un jour à Louis XIV une surface de terre inculte, où rien ne pouvait prendre racine. — Plantez-y des Jésuites, répondit le grand roi. J'accepte en l'honneur de la compagnie cette célèbre épigramme. Oui, au chevet des pestiférés, sur les pontons dévorés par la pourriture, dans les ambulances exposées aux balles ennemies, dans les missions travaillées par le climat le plus meurtrier, partout où nos philanthropes et nos sophistes ne croissent pas, voulez-vous faire germer la fécondité ? Semez des Jésuites ; ils prendront racine, s'épanouiront et feront éclore une belle floraison de bonnes œuvres et de vertus. Oh ! que de gloire ont dû procurer à Dieu et procurent encore saint Ignace et ses fils !

Il y a plus : Non content de glorifier Dieu par l'apostolat, Loyola voulut le glorifier aussi et surtout par la souffrance, afin de ressembler davantage à Jésus crucifié. Ce ne fut pas sans un dessein prémédité qu'il fonda la Compagnie dans la crypte ensanglantée de Montmartre, plutôt que dans une superbe basilique. Il désirait sans doute que le fondateur et la fondation fussent baptisés dans le sang et marqués des stigmates du martyre.

On dit qu'il eut la vision prophétique de cette étrange destinée. Car, lorsqu'il se rendit à Rome pour obtenir du Saint-Siége l'approbation et la consécration de son œuvre, le Sauveur lui apparut près de la Ville, portant une pesante croix sur ses épaules et une couronne d'épines sur sa tête, et lui laissant entrevoir que lui aussi et sa postérité porteraient la croix et la couronne.

De fait, le martyre n'a manqué ni au patriarche ni à son œuvre.

Martyre de la contradiction. Etrange mélange de pour et de contre, de oui et de non, que la vie et la mémoire de ce grand lutteur ! Dès qu'il parle, les uns disent de lui comme de Jésus : Il faut le faire Roi ; les autres disent : Il faut le lapider. Les uns s'écrient : Il est bon ; les autres répondent : Il ne l'est pas. Rome le proclame un second Paul, Alcala le dénonce comme un novateur dangereux. Il est dix fois traduit devant les tribunaux et dix fois relaxé.

Martyre de la calomnie. Au temps de saint Ignace, écrit un auteur, on avait déjà formé une bibliothèque de pamphlets composés contre lui. On a répandu sur son nom et sur son œuvre plus de fables que sur les monstres mythologiques de l'antiquité. Il serait enseveli sous des tombereaux d'immondices que les siècles lui versent en passant, si ce limon impur de la terre pouvait monter jusqu'aux gloires du Ciel. Sans doute, tous les gens de bien ne sont pas les amis de Loyola, mais tous les méchants — et le nombre en est grand — sont ses ennemis et ses accusateurs.

Enfin, martyre du crucifiement. En moins de deux siècles, trois cents disciples de saint Ignace périssent de mort violente, tantôt brûlés à petit feu, tantôt précipités dans la mer. Et, hélas ! je le dis en gémissant, *flens dico,* vint un jour — jour à jamais néfaste — où toute la Compagnie elle-même, où vingt-quatre mille *Rameurs de la barque de Pierre* furent livrés à leurs ennemis et condamnés à cesser de vivre.

N'allez pas croire, mes frères, que tant d'épreuves et d'angoisses aient jamais arraché la moindre plainte à notre fondateur-martyr. Nouveau Paul, il baisait ses chaînes et se plaisait dans la souffrance. Je me trompe ; il se plaignit un jour, on le surprit le visage abattu, les yeux baignés de larmes. Voulez-vous en savoir la cause ? Parce que dans une province les affaires de la Société réussissaient trop bien !

Ecoutez maintenant le dernier cri d'adieu, le dernier soupir de ce vigoureux athlète. Il est étendu sur son lit d'agonie, prêt à ceindre la couronne de justice. Les disciples qui l'entourent lui disent en pleurant : Père, que souhaitez-vous à vos enfants après votre mort ? *Beaucoup de persécutions,* répond-il d'une voix mourante, mais ferme. Beaucoup de persécutions ! Grand Dieu, quel héritage effrayant ! Quel vœu redoutable et sublime !

O saint patriarche ! O illustre martyr ! votre dernière bénédiction a produit ses fruits. Vous avez passé tout entier dans votre postérité avec le sceau éclatant de votre sanglante image. Vos nombreux enfants ont été cruellement et injustement persécutés, comme vous ; persécutés *partout, toujours et en tout ;* persécutés en plein dix-neuvième siècle, comme au dix-huitième. Impies, apostats, révolutionnaires, les poursuivent avec une rage satanique et toujours croissante. Ils signent des arrêts d'exil et de proscription pour ajouter une nouvelle page aux pages déjà si nombreuses de votre martyrologe.

O mes Pères, vous qui ne portez pas en vain le nom de Jésus, si vous aviez besoin de consolation, je vous dirais : Plus on vous hait, plus nous vous aimons, et plus on vous maudit, plus nous éprouvons le besoin de vous bénir. Tout ce que vous aimez, nous l'aimons; tout ce que vous défendez jusqu'à la mort, c'est-à-dire Jésus-Christ, l'Eglise, la Papauté, la Patrie, la Famille, avec vous, nous sommes prêts à le défendre, nous aussi, jusqu'au sacrifice de la vie. Prêtres séculiers ou réguliers, Jésuites ou Curés, nous soutenons la même cause, nous défendons les même droits et aucune puissance humaine ne pourra nous *diviser*. C'est pourquoi, nous vous suivrons devant tous les prétoires, sur tous les calvaires, et s'il plaisait à quelque Pilate moderne de vous livrer aux exécuteurs, nous crierions avec le centurion : Ils étaient vraiment les enfants de Dieu : *Vere filii Dei erant isti.*

Vous consoler, mes Pères? Ah ! laissez-moi plutôt vous féliciter de votre frappante ressemblance avec votre Ignace de Loyola, avec Jésus, le divin crucifié ; vous féliciter de l'honneur qu'on vous fait de vous confondre avec l'Eglise notre mère, et de ne pouvoir vous atteindre sans la frapper elle-même en pleine poitrine. N'avez-vous pas la béatitude de ceux qui sont persécutés pour la justice, la béatitude de ceux qui sont doux, la béatitude de ceux qui sont purs, la béatitude des pacifiques ? Laissez le reste aux despotes de ce monde, aux Césars de la Gaule et de la Germanie.

Pour nous, mes frères, devant les merveilles d'une telle vie, en présence de cette belle figure du Saint que nous fêtons aujourd'hui, soyons pénétrés d'un double sentiment :

Sentiment de reconnaissance envers Dieu, qui, à tous les moments critiques de l'Eglise, suscite des hommes capables d'égaler les secours aux périls.

Oui, remercions la Providence de nous avoir donné Ignace de Loyola, ce glorieux émule des Bruno, des Dominique, des François d'Assise; cet illustre fondateur de la plus importante Congrégation des temps modernes.

Sentiment d'imitation. Que la belle devise qui résume toute la vie de Loyola soit aussi la nôtre : Tout pour la plus grande gloire de Dieu, *ad majorem Dei gloriam.*

Ah ! si nous étions bien pénétrés de cette sublime maxime, si nos pensées, nos aspirations, nos paroles, nos projets, nos douleurs, nos actes, avaient toujours pour fin la gloire de Dieu, que de bien nous ferions, que d'âmes nous sauverions, quelle belle couronne nous nous préparerions à nous-mêmes !

Oui, tout pour Dieu ! Que ce soit notre chant d'amour et d'allégresse en ce beau jour de fête qui nous réunit tous ici dans une même pensée de foi, de charité et d'espérance.

Tout pour Dieu ! Que ce soit notre cri de ralliement dans ces jours mauvais que nous traversons, dans cette lutte à outrance qu'on livre en ce moment à l'Eglise, à son Chef et à tous ses ministres sans distinction.

Tout pour Dieu ! Que ce soit notre dernier soupir d'adieu et d'espérance, quand nous tomberons sur la brèche, après avoir combattu le bon combat, comme Ignace de Jésus.

Tout pour Dieu ! Que ce soit notre chant de triomphe, quand nous franchirons le seuil de l'éternité et que nous entrerons en vainqueurs dans le séjour des récompenses, *ad majorem Dei gloriam.* Amen.

Grenoble. — Imprimerie Vᵉ RIGAUDIN, 8, rue Servan.